škola - 学校 2
putovanje - 旅行 5
transport - 輸送 8
grad - 都市 10
pejsaž - 風景 14
restoran - レストラン 17
supermarket - スーパーマーケット 20
napitci - 飲み物 22
jelo - 食べ物 23
seosko gazdinstvo - 農場 27
kuća - 家 31
dnevna soba - リビングルーム 33
kuhinja - 台所 35
kupaonica - 浴室 38
dečija soba - 子供部屋 42
odeća - 衣服 44
kancelarija - オフィス 49
ekonomija - 経済 51
zanimanja - 職業 53
alati - 道具 56
muzički instrument - 楽器 57
zoološki vrt - 動物園 59
sport - スポーツ 62
aktivnosti - 活動 63
porodica - 家族 67
telo - 体 68
bolnica - 病院 72
hitni slučaj - 救急 76
zemlja - 地球 77
sat - 時計 79
sedmica - 週 80
godina - 年 81
oblici - 形 83
boje - 色 84
suprotnosti - 反対 85
brojevi - 数 88
jezici - 言語 90
ko / šta / kako - 誰 / 何 / どう 91
gde - どこ 92

Impressum
Verlag: BABADADA GmbH, Nedderfeld 112 , 22529 Hamburg
Geschäftsführer / Verlagsleitung: Harald Hof
Druck: Books on Demand GmbH, In de Tarpen 42, 22848 Norderstedt

Imprint
Publisher: BABADADA GmbH, Nedderfeld 112 , 22529 Hamburg, Germany
Managing Director / Publishing direction: Harald Hof
Print: Books on Demand GmbH, In de Tarpen 42, 22848 Norderstedt, Germany

škola

学校

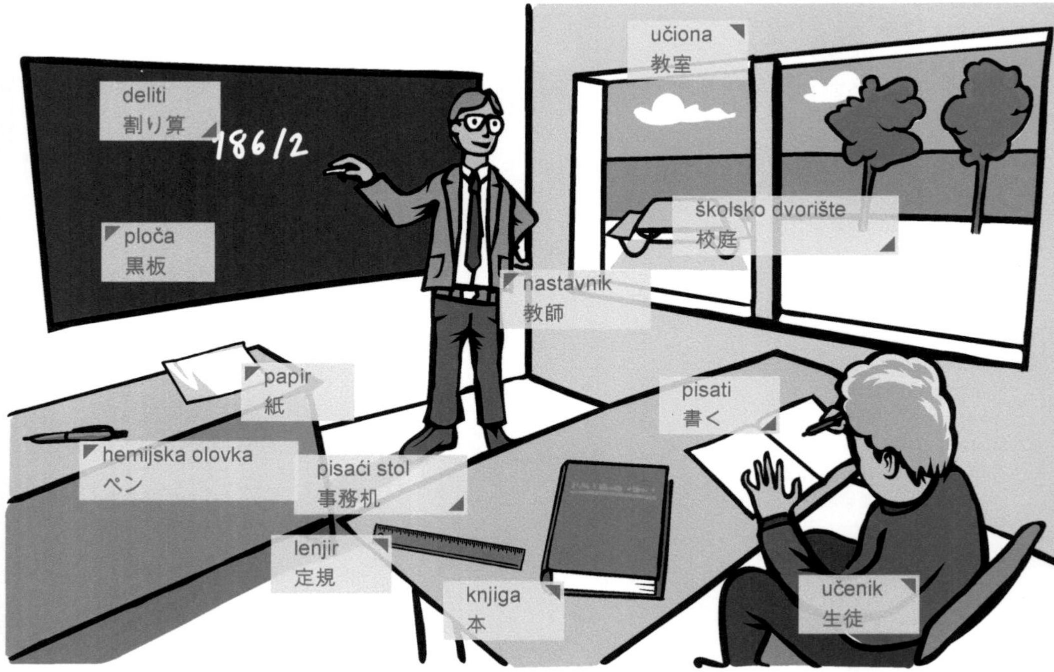

učiona
教室
deliti
割り算
186/2
školsko dvorište
校庭
ploča
黒板
nastavnik
教師
papir
紙
pisati
書く
hemijska olovka
ペン
pisaći stol
事務机
lenjir
定規
knjiga
本
učenik
生徒

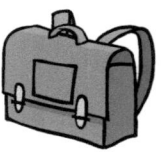

torba

ランドセル

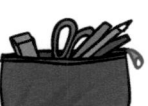

pernica

筆入れ

grafitna olovka

鉛筆

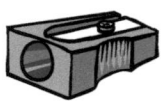

šiljilo za olovke

鉛筆削り

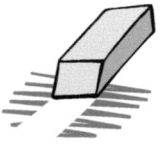

gumica za brisanje

消しゴム

blok za crtanje

スケッチブック

crtež

スケッチ

kist

絵筆

kutija sa bojama

絵の具箱

makaze

はさみ

lepilo

接着剤

beležnica

練習帳

domaći zadatak

宿題

broj

数

sabirati

足し算

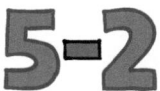

oduzimati

引き算

množiti

かけ算

računati

計算する

slovo

文字

abeceda

アルファベット

reč

単語

tekst

テキスト

čitati

読む

kreda

チョーク

čas

授業

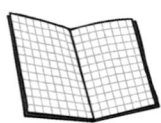

dnevnik

学級日誌

ispit

試験

svedočanstvo

通知表

školska uniforma

制服

obrazovanje

教育

leksikon

百科事典

univerzitet

大学

mikroskop

顕微鏡

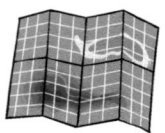

karta

地図

košara za papir

ごみ箱

putovanje
旅行

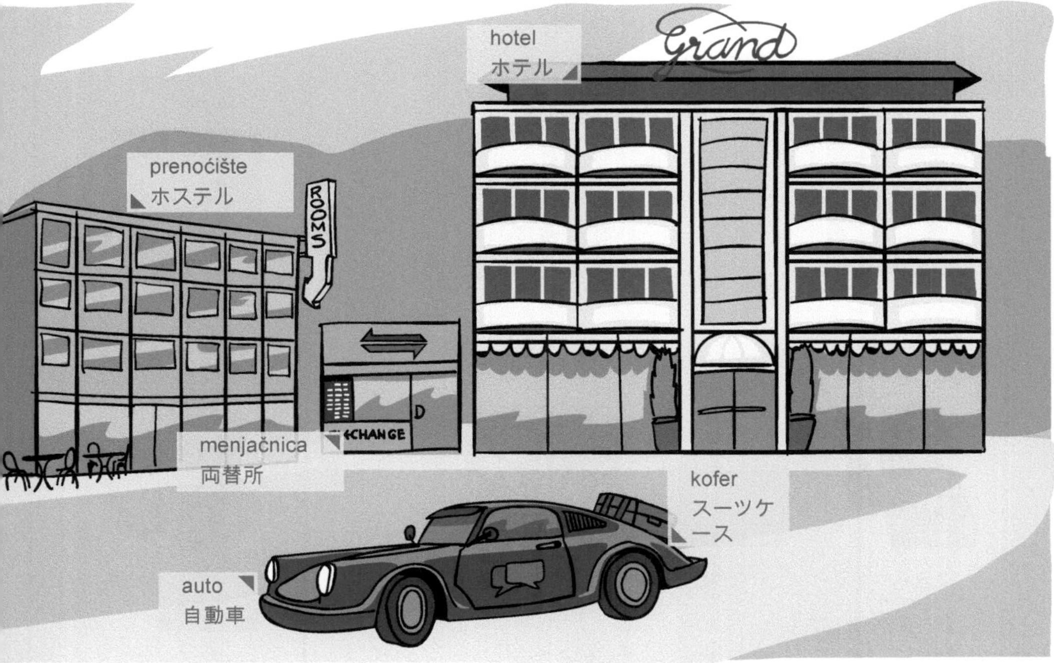
hotel
ホテル
Grand
prenoćište
ホステル
ROOMS
menjačnica
両替所
EXCHANGE
kofer
スーツケース
auto
自動車

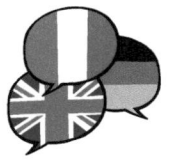

jezik
言語

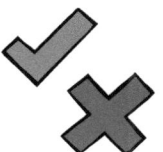

da / ne
はい / いいえ

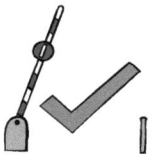

okej
問題ない

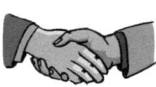

zdravo
ハロー

prevodilac
翻訳者

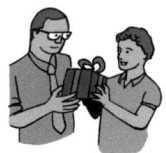

hvala
ありがとう

Koliko košta...?

...はいくらですか？

ne razumem

わかりません

problem

問題

dobro veče!

こんばんは！

Dobro jutro!

おはようございます！

Laku noć!

おやすみなさい！

doviđenja

さようなら

smer

方向

prtljaga

手荷物

torba

バッグ

ruksak

リュックサック

gost

お客様

soba

部屋

vreća za spavanje

寝袋

šator

テント

turističke informacije

旅行者情報

plaža

ビーチ

kreditna kartica

クレジットカード

doručak

朝食

ručak

昼食

večera

夕食

karta za vožnju

チケット

lift

エレベーター

poštanska markica

スタンプ

granica

境界

carina

税関

ambasada

大使館

viza

ビザ

pasoš

パスポート

transport

輸送

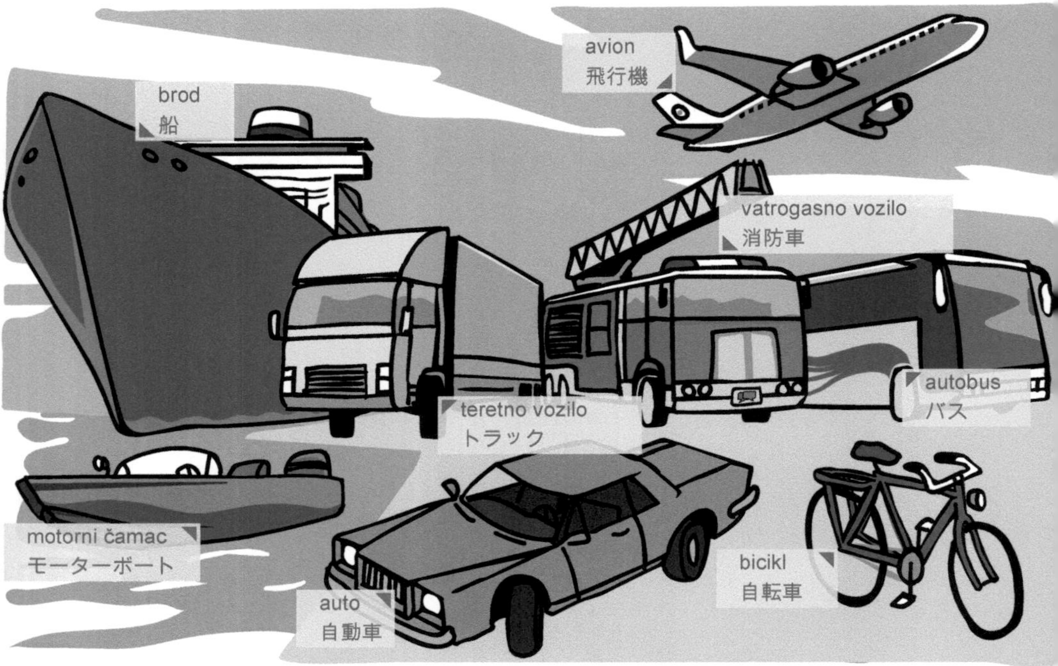
avion
飛行機
brod
船
vatrogasno vozilo
消防車
autobus
バス
teretno vozilo
トラック
motorni čamac
モーターボート
bicikl
自転車
auto
自動車

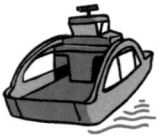

trajekt

フェリー

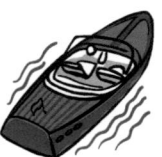

čamac

ボート

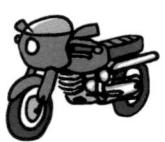

motocikl

バイク

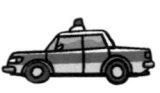

policijski auto

パトカー

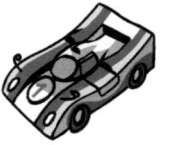

trkaći auto

レーシングカー

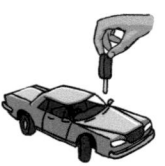

iznajmljeno auto

レンタカー

delenje automobila

カーシェアリング

vučno vozilo

レッカー車

vozilo za odvoz smeća

ごみ収集車

motor

モーター

benzin

燃料

benzinska stanica

ガソリンスタンド

saobraćajni znak

交通標識

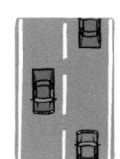

saobraćaj

交通

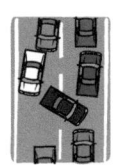

zastoj

渋滞

parkiralište

駐車場

železnička stanica

駅

šine

道

voz

列車

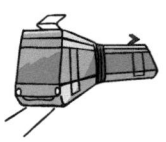

tramvaj

路面電車

vagon

車両

transport - 輸送   9

helikopter

ヘリコプター

aerodrom

空港

kula

タワー

putnik

乗客

kontejner

コンテナ

karton

段ボール箱

kolica

カート

korpa

カゴ

uzleteti / sleteti

離陸 / 着陸

grad
都市

selo

村

centar grada

都心

kuća

家

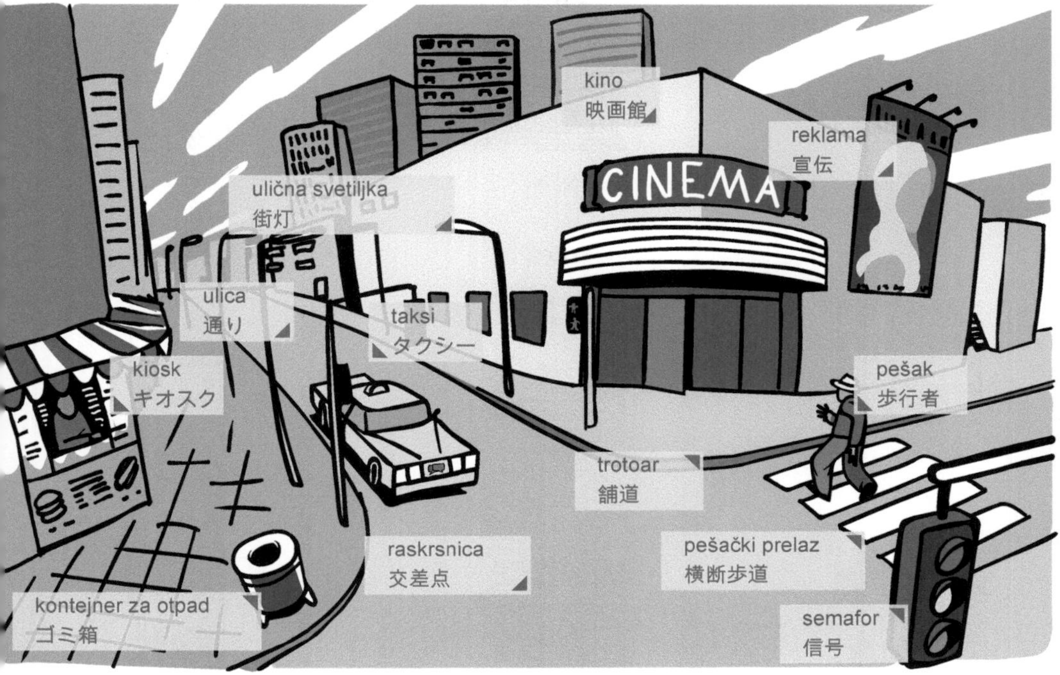

kino
映画館
reklama
宣伝
CINEMA
ulična svetiljka
街灯
ulica
通り
taksi
タクシー
kiosk
キオスク
pešak
歩行者
trotoar
舗道
raskrsnica
交差点
pešački prelaz
横断歩道
kontejner za otpad
ゴミ箱
semafor
信号

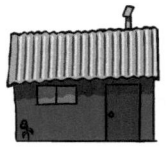

koliba
小屋

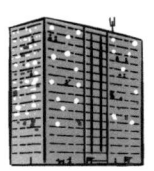

stan
アパート

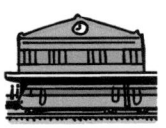

železnička stanica
駅

većnica
市役所

MUSEUM

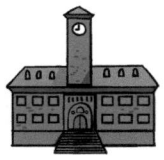

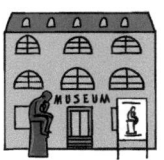

muzej
美術館

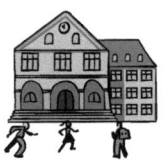

škola
学校

univerzitet

大学

banka

銀行

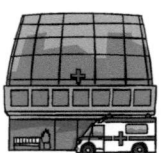

bolnica

病院

hotel

ホテル

apoteka

薬局

kancelarija

オフィス

knjižara

書店

prodavnica

ショップ

cvećara

花屋

supermarket

スーパーマーケット

trg

市場

robna kuća

デパート

ribarnica

魚屋

trgovački centar

ショッピングセンター

luka

港

park

公園

klupa

ベンチ

stepenice

階段

autobuska stanica

バス停

poštansko sanduče

ポスト

klupa

ベンチ

podzemna željeznica

地下鉄

bar

バー

ulični znak

道路標識

bazen

スイミングプール

most

橋

tunel

トンネル

restoran

レストラン

parkirni automat

パーキングメーター

džamija

モスク

seosko gazdinstvo

農場

zagađenje okoline

汚染

groblje

墓地

crkva

教会

igralište

遊び場

hram

寺

pejsaž
風景

list
葉

putokaz
道標

put
道

livada
草地

kamen
石

drvo
木

šetač
ハイカー

reka
川

trava
草

cvijet
花

dolina

谷

planina

山

jezero

湖

šuma

森

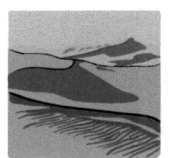

pustinja

砂漠

vulkan

火山

dvorac

城

duga

虹

gljiva

キノコ

palma

ヤシの木

moskito

蚊

muva

ハエ

mrav

蟻

pčela

ミツバチ

pauk

クモ

buba

カブトムシ

žaba

蛙

veverica

リス

jež

ハリネズミ

zec

ウサギ

sova

フクロウ

ptica

鳥

labud

白鳥

divlja svinja

雄豚

jelen

鹿

los

ヘラジカ

nasip

ダム

vetrenjača

風力タービン

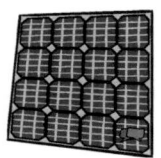

solarna ploča

ソーラーパネル

klima

気候

restoran
レストラン

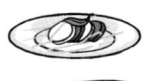

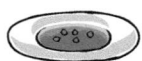

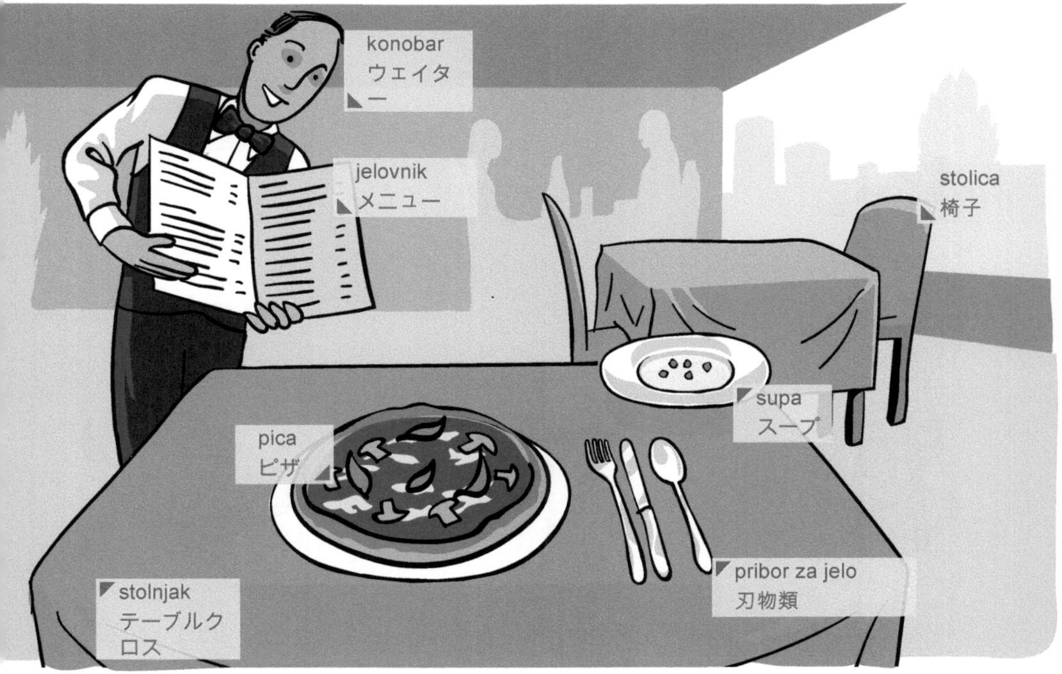

konobar
ウェイター
jelovnik
メニュー
stolica
椅子
supa
スープ
pica
ピザ
pribor za jelo
刃物類
stolnjak
テーブルクロス

predjelo

前菜

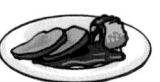

glavno jelo

メインコース

desert

デザート

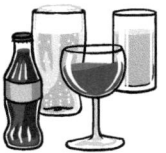

napitci

飲み物

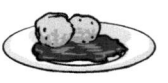

jelo

食べ物

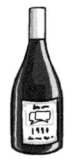

flaša

ボトル

brza hrana

ファストフード

imbis hrana

屋台の食べ物

čajnik

ティーポット

doza za šećer

砂糖入れ

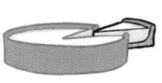

porcija

一人前

aparat za espresso

エスプレッソマシン

visoka stolica

幼児用食事椅子

račun

請求書

poslužavnik

トレー

nož

ナイフ

viljuška

フォーク

kašika

スプーン

čajna kašika

ティースプーン

salveta

ナプキン

čaša

グラス

tanjir

皿

tanjir za supu

スープ皿

tanjirić

受け皿

sos

ソース

soljenka

塩入れ

mlin za biber

ペッパーミル

sirće

酢

ulje

油

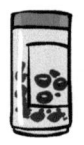

začini

スパイス

kečap

ケチャップ

senf

マスタード

majoneza

マヨネーズ

supermarket
スーパーマーケット

ponuda
特価品
FOR
kupac
顧客
mlečni proizvodi
乳製品
voće
果物
kolica za kupovinu
ショッピング・カート

BUTCHERS

mesnica
肉屋

BAKERY

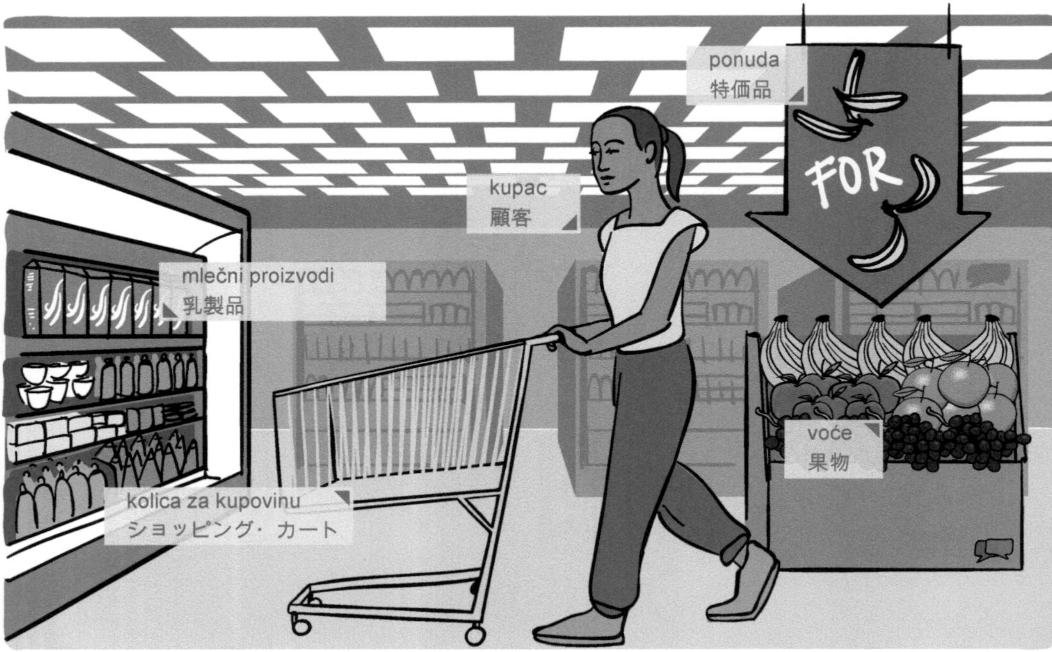

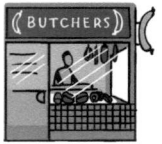

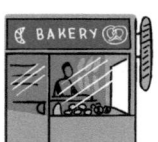

pekara
パン屋

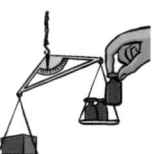

vagati
重さをはかる

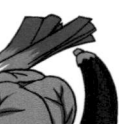

povrće
野菜

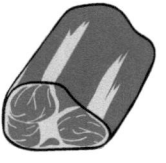

meso
肉

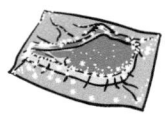

smrznuta hrana
冷凍食品

narezak

冷肉の薄切り

konzerve

缶詰食品

sredstvo za pranje

洗剤

slatkiši

菓子

artikli za domaćinstvo

家庭用品

sredstva za čišćenje

清掃用品

prodavačica

販売員

blagajna

現金箱

blagajnik

レジ係

lista za kupovinu

買い物リスト

vreme rada

開館時刻

novčanik

財布

kreditna kartica

クレジットカード

torba

バッグ

plastična kesa

ポリ袋

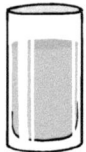

voda

水

sok

ジュース

mleko

牛乳

kola

コーラ

vino

ワイン

pivo

ビール

alkohol

アルコール

kakao

ココア

čaj

紅茶

kava

コーヒー

espresso

エスプレッソ

cappuccino

カプチーノ

banana

バナナ

jabuka

リンゴ

narandža

オレンジ

lubenica

メロン

limun

レモン

šargarepa

ニンジン

beli luk

ニンニク

bambus

竹

luk

玉ねぎ

gljiva

キノコ

orašasti plodovi

ナッツ

rezanci

ヌードル

špagete

スパゲッティ

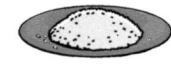

riža

米

salata

サラダ

pomfrit

フライドポテト

pečeni krumpir

フライドポテト

pica

ピザ

hamburger

ハンバーガー

sendvič

サンドウィッチ

šnicla

カツレツ

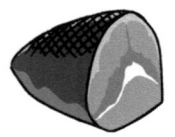

šunka

ハム

salama

サラミ

kobasica

ソーセージ

kokoš

鶏肉

pečenje

焼き

riba

魚

zobene pahuljice

麦のお粥

musli

ムーズリ

kukuruzne pahuljice

コーンフレーク

brašno

小麦粉

kroasan

クロワッサン

pecivo

ロールパン

hleb

パン

toast

トースト

keksi

ビスケット

maslac

バター

sveži sir

カッテージチーズ

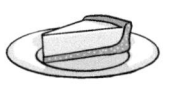

kolač

ケーキ

jaje

卵

jaje na oko

目玉焼き

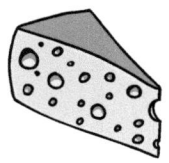

sir

チーズ

sladoled

アイスクリーム

šećer

砂糖

med

はちみつ

marmelada

ジャム

nugat krema

ヌガークリーム

kari

カレー

seosko gazdinstvo
農場

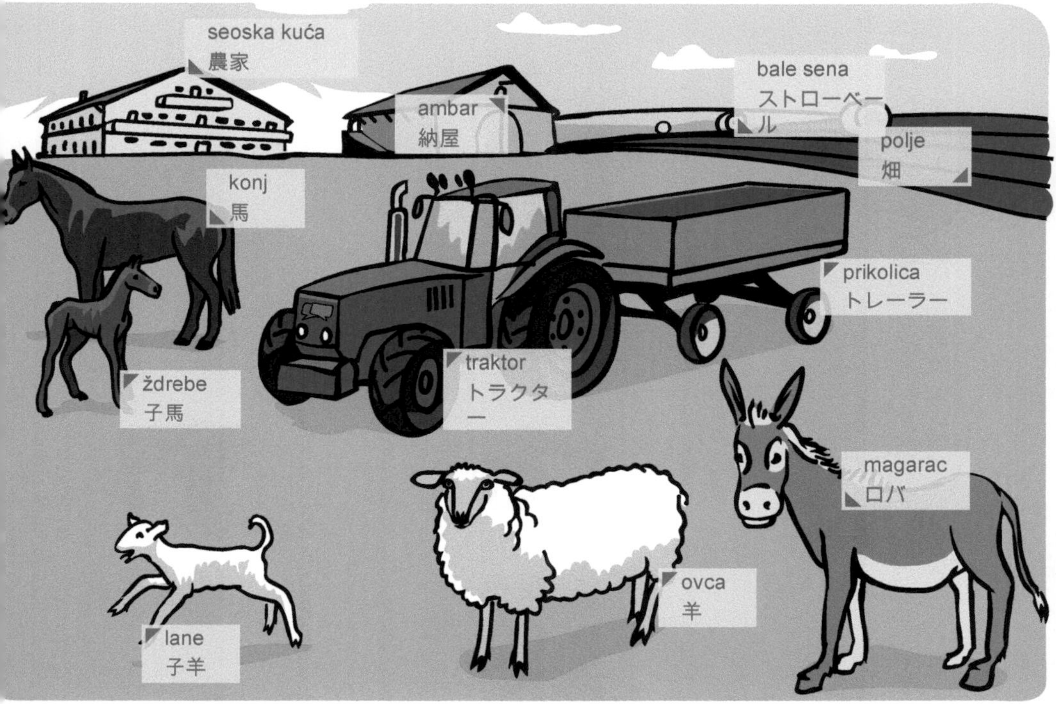
seoska kuća
農家
ambar
納屋
bale sena
ストローベール
polje
畑
konj
馬
prikolica
トレーラー
traktor
トラクター
ždrebe
子馬
magarac
ロバ
ovca
羊
lane
子羊

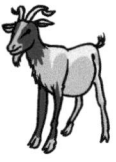

koza
ヤギ

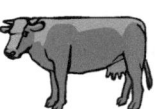

krava
雌牛

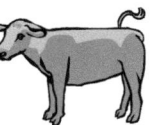

tele
子牛

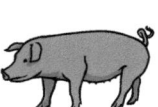

svinja
豚

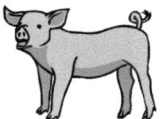

prase
子豚

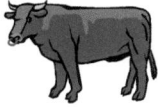

bik
雄牛

guska

ガチョウ

patka

アヒル

pilići

ひよこ

kokoš

にわとり

petao

おんどり

pacov

ネズミ

mačka

猫

miš

ねずみ

vol

雄牛

pas

犬

kućica za psa

犬小屋

vrtno crevo

散水ホース

kanta za polivanje

じょうろ

kosa

大鎌

plug

すき

srp

草刈り鎌

motika

くわ

viljuška za đubrivo

堆肥用フォーク

sekira

斧

tačke

手押し車

korito

かいばおけ

posuda za mleko

牛乳缶

vreća

袋

ograda

フェンス

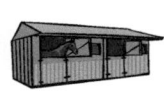

štala

畜舎

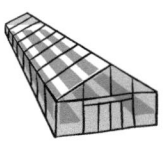

staklenik

温室

zemlja

土壌

seme

種

đubrivo

肥料

kombajn

コンバイン

žeti

収穫する

žetva

収穫

jams začin

ヤマイモ

pšenica

小麦

soja

大豆

krumpir

じゃがいも

kukuruz

トウモロコシ

uljana repica

菜種

voćka

果樹

gomolj manioke

キャッサバ

žitarice

穀物

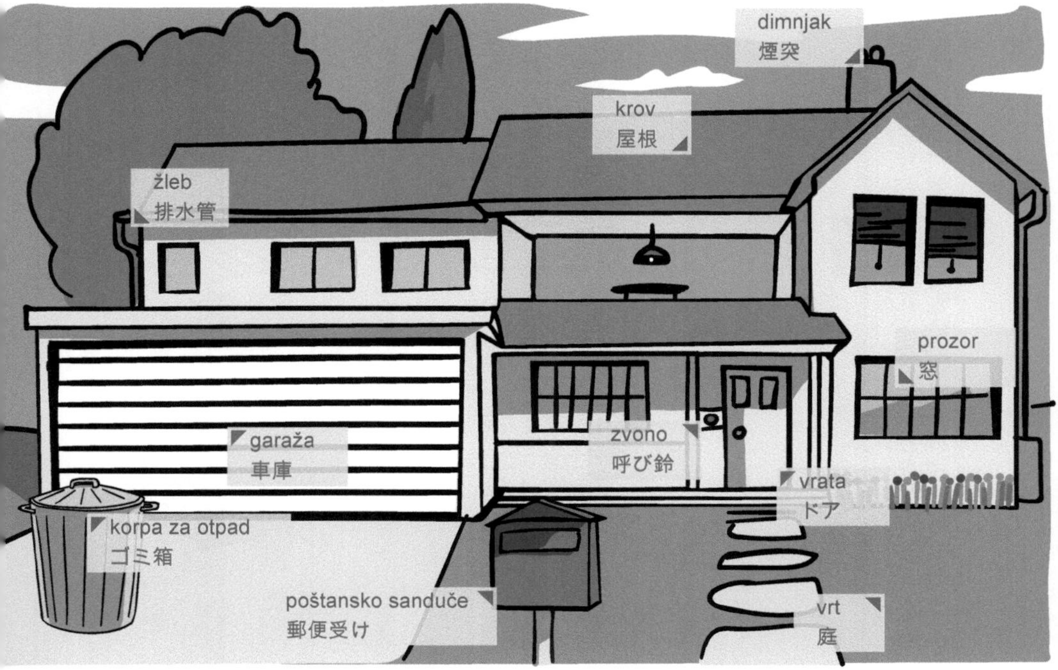

dimnjak
煙突

krov
屋根

žleb
排水管

prozor
窓

garaža
車庫

zvono
呼び鈴

vrata
ドア

korpa za otpad
ゴミ箱

poštansko sanduče
郵便受け

vrt
庭

dnevna soba

リビングルーム

kupaonica

浴室

kuhinja

台所

spavaća soba

寝室

dečija soba

子供部屋

trpezarija

ダイニング・ルーム

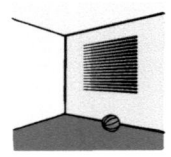

pod

床

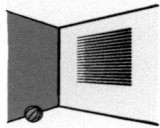

zid

壁

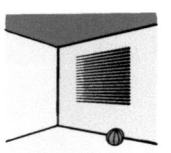

strop

天井

podrum

地下貯蔵庫

sauna

サウナ

balkon

バルコニー

terasa

テラス

bazen

プール

kosilica za travu

芝刈り機

posteljina za krevet

シーツ

deka za krevet

ベッドカバー

krevet

ベッド

metla

ほうき

kanta

バケツ

prekidač

スイッチ

dnevna soba
リビングルーム

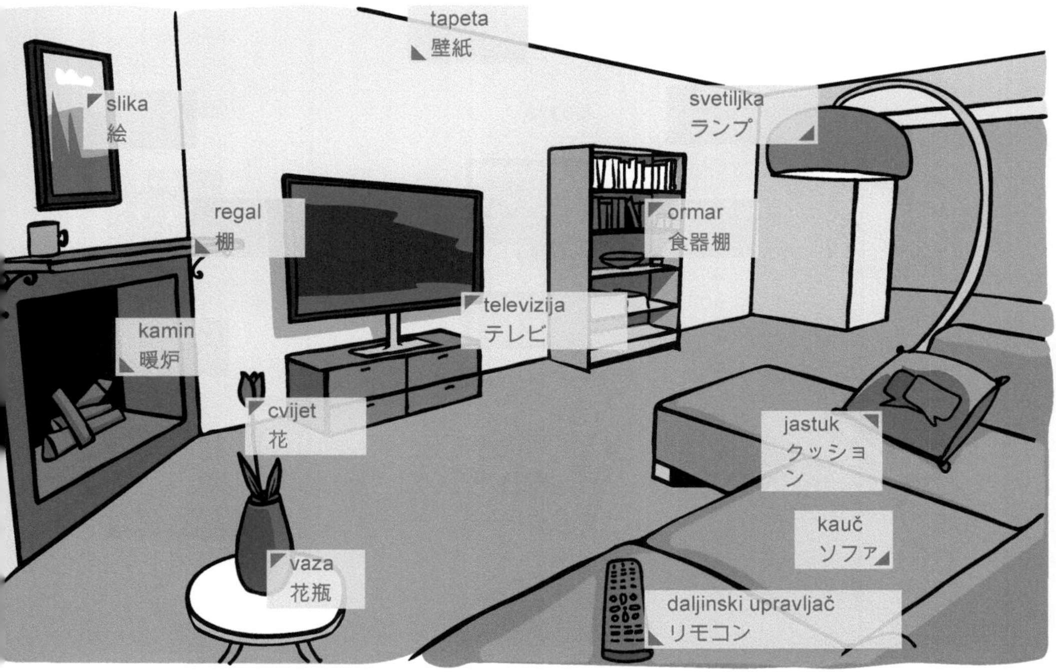

tapeta
壁紙
slika
絵
svetiljka
ランプ
regal
棚
ormar
食器棚
televizija
テレビ
kamin
暖炉
cvijet
花
jastuk
クッション
kauč
ソファ
vaza
花瓶
daljinski upravljač
リモコン

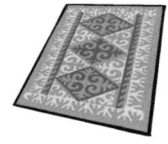

tepih
カーペット

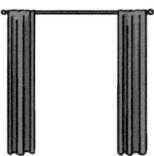

zavesa
カーテン

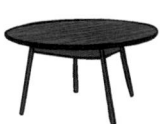

sto
テーブル

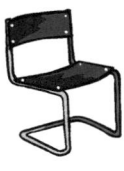

stolica
椅子

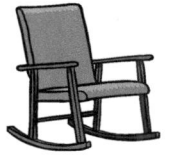

stolica za njihanje
ロッキングチェア

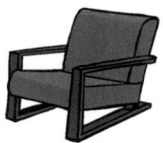

fotelja
ひじ掛け椅子

knjiga

本

deka

毛布

dekoracija

飾り

drvo za ogrev

たきぎ

film

映画

hi-fi uređaj

ステレオ

ključ

鍵

novine

新聞

slika na platnu

絵画

poster

ポスター

radio

ラジオ

blok za pisanje

メモ帳

usisivač

掃除機

kaktus

サボテン

sveća

ろうそく

kuhinja
台所

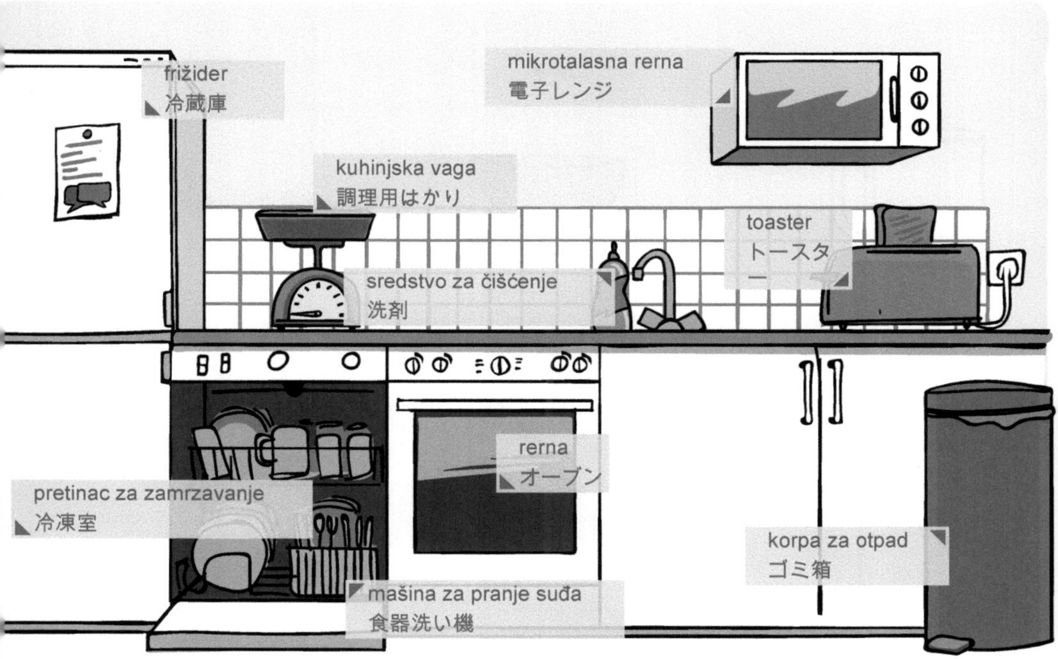

frižider
冷蔵庫
mikrotalasna rerna
電子レンジ
kuhinjska vaga
調理用はかり
toaster
トースター
sredstvo za čišćenje
洗剤
rerna
オーブン
pretinac za zamrzavanje
冷凍室
korpa za otpad
ゴミ箱
mašina za pranje suđa
食器洗い機

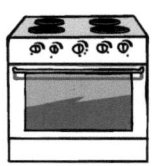

šporet

こんろ

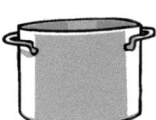

lonac

鍋

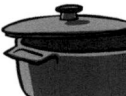

gvozdeni lonac

鉄鍋

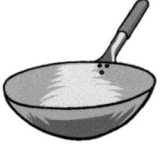

wok / kadai

中華鍋/ カダイ鍋

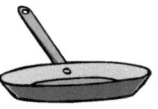

tava

フライパン

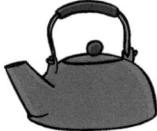

kuvalo za vodu

やかん

kuvalo na paru

蒸し器

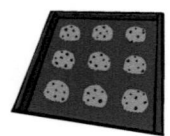

lim za pečenje

天板

posuđe

食器

čaša

マグカップ

posuda

ボウル

štapići za jelo

箸

kutlača

おたま

lopatica

へら

penjača

泡立て器

sito za kuvanje

こし器

sito

ふるい

ribež

すりおろし器

mužar

すり鉢

roštilj

バーベキュー

ognjište

かまど

daska

まな板

oklagija

麺棒

vadičep

栓抜き

konzerva

缶

otvarač konzervi

缶切り

krpa za lonac

鍋つかみ

sudoper

流し

četka

ブラシ

sunđer

スポンジ

mikser

ミキサー

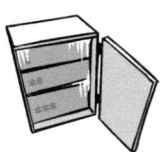

zamrzivač

冷凍庫

flašica za bebe

哺乳瓶

slavina za vodu

蛇口

kupaonica

浴室

grejanje
ヒーター

tuš
シャワー

peškir
タオル

zavesa za tuš
シャワーカーテン

penušava kupka
泡風呂

kada
浴槽

čaša
グラス

mašina za pranje veša
洗濯機

slavina za vodu
蛇口

pločice
タイル

tuta
おまる

sudoper
流し

toalet	čučavac	bidet
トイレ	和式トイレ	ビデ

pisoar	toaletni papir	četka za toalet
小便器	トイレットペーパー	トイレブラシ

četkica za zube

歯ブラシ

pasta za zube

歯みがき

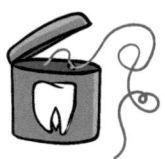

konac za zube

デンタルフロス

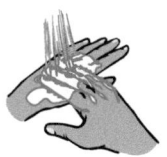

prati

洗う

tuš ručica

シャワーヘッド

tuš za pranje intimnih detova

ハンドビデ

lavor

洗面台

četka za pranje leđa

ボディブラシ

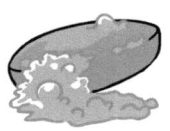

sapun

石鹸

gel za tuširanje

シャワー用ジェル

šampon

シャンプー

krpa za pranje

浴用タオル

odvod

排水口

krema

クリーム

dezodorans

消臭

ogledalo

鏡

kozmetičko ogledalo

手鏡

brijač

かみそり

pena za brijanje

シェービング・フォーム

losion za posle brijanja

アフターシェーブローショ
ン

češalj

櫛

četka

ブラシ

fen za kosu

ドライヤー

sprej za kosu

ヘアスプレー

makeup

化粧

ruž za usne

口紅

lak za nokte

マニキュア

vata

脱脂綿

makaze za nokte

爪切り

parfem

香水

kozmetička torbica

洗面用具入れ

stolica

スツール

vaga

体重計

ogrtač

バスローブ

rukavice za čišćenje

ゴム手袋

tampon

タンポン

uložak

生理用ナプキン

hemijski toalet

ケミカルトイレ

dečija soba

子供部屋

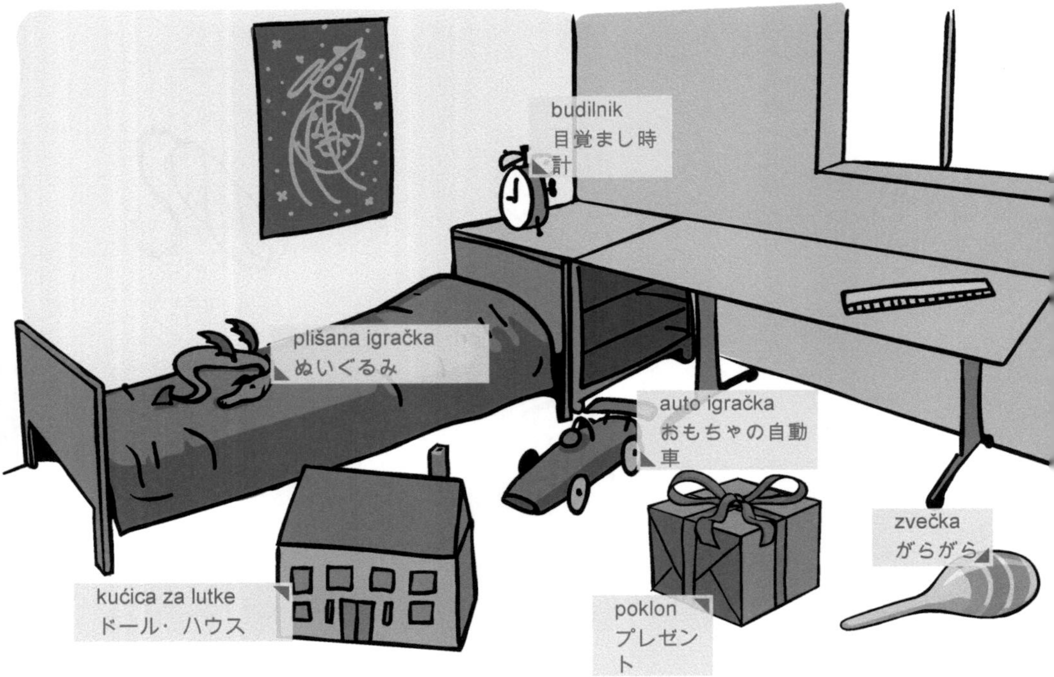
budilnik
目覚まし時計
plišana igračka
ぬいぐるみ
auto igračka
おもちゃの自動車
zvečka
がらがら
kućica za lutke
ドール・ハウス
poklon
プレゼント

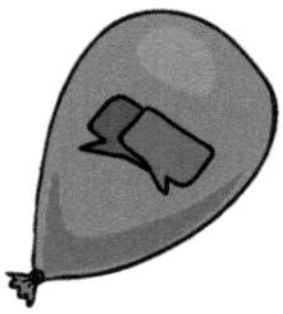

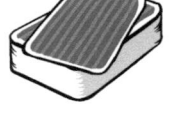

balon

風船

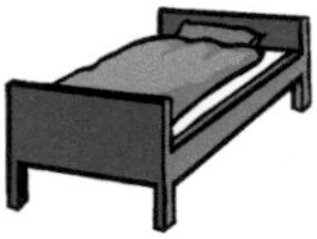

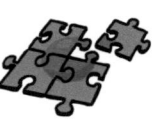

krevet

ベッド

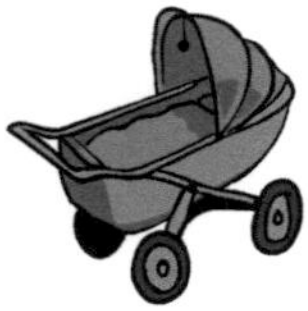

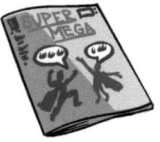

dječija kolica

ベビーカー

igra s kartama

カードゲーム

slagalica

ジグソーパズル

strip

漫画

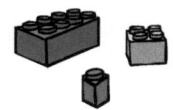

lego kockice

レゴ

kockice za slaganje

玩具ブロック

akcioni junak

アクションフィギュア

benkica za bebe

ロンパース

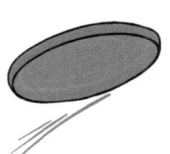

frizbi

フリスビー

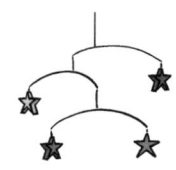

viseće igračke

モバイル

društvene igre

ボードゲーム

kocka

さいころ

minijaturna željeznica

鉄道模型

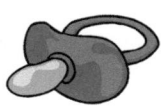

duda

おしゃぶり

zabava

パーティー

slikovnica

絵本

lopta

ボール

lutka

人形

igrati

遊ぶ

pješčanik

砂場

ljuljačka

ブランコ

igračka

おもちゃ

konzola za igre

ゲーム機

tricikl

三輪車

tedi

テディベア

ormar

衣装ダンス

odeća

衣服

kratke čarape

靴下

čarape

ストッキング

hulahopke

タイツ

šal
スカーフ

kaiš
ベルト

kišobran
雨傘

majica
Tシャツ

čizme
ブーツ

papuče
スリッパ

patike
スニーカー

sandale

サンダル

cipele

靴

gumene čizme

ゴム長靴

gaćice

パンツ

grudnjak

ブラ

potkošulja

ベスト

bodi

ボディースーツ

pantalone

ズボン

farmerke

ジーンズ

suknja

スカート

bluza

ブラウス

košulja

シャツ

džemper

セーター

džemper s kapuljačom

パーカー

sako

ブレザー

jakna

ジャケット

kaput

コート

kabanica

レインコート

kostim

服装

haljina

ドレス

venčanica

ウェディングドレス

odelo

スーツ

spavaćica

ナイトガウン

pidžama

パジャマ

sari

サリー

marama za glavu

ヘッドスカーフ

turban

ターバン

burka

ブルカ

kaftan

カフタン

abaja

アバヤ

kupaći kostim

水着

kupaće gaćice

トランクス

kratke pantalone

半ズボン

odeća za trening

スウェットスーツ

kecelja

エプロン

rukavice

手袋

dugme

ボタン

naočare

メガネ

narukvica

ブレスレット

ogrlica

ネックレス

prsten

指輪

naušnica

イヤリング

kapa

帽子

vešalica

ハンガー

šešir

帽子

kravata

ネクタイ

patent zatvarač

ファスナー

kaciga

ヘルメット

naramenice

サスペンダー

školska uniforma

制服

uniforma

ユニフォーム

podbradak
よだれかけ

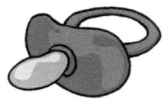

duda
おしゃぶり

pelena
おむつ

kancelarija
オフィス

server
サーバ

ormar za spise
書類キャビネット

štampač
プリンター

monitor
モニター

papir
紙

miš
マウス

pisaći stol
事務机

mapa
フォルダー

tastatura
キーボード

košara za papir
ごみ箱

kompjuter
コンピューター

stolica
椅子

šalica za kavu

コーヒーマグ

kalkulator

計算機

internet

インターネット

laptop

ラップトップ

pismo

手紙

poruka

メッセージ

mobilni telefon

携帯電話

mreža

ネットワーク

uređaj za kopiranje

コピー機

softver

ソフトウェア

telefon

電話

utičnica

コンセント

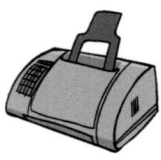

faks

ファックス

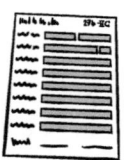

formular

フォーム

dokument

書類

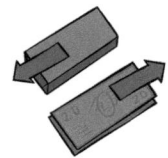

kupovati

買う

platiti

支払う

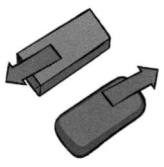

trgovati

取引する

novac

お金

dolar

ドル

evro

ユーロ

jen

円

rublja

ルーブル

švajcarski franak

スイスフラン

renmindbi juan

人民元

rupija

ルピー

automat za novac

キャッシュポイント

menjačnica

両替所

zlato

金

srebro

銀

nafta

油

energija

エネルギー

cena

価格

ugovor

契約

porez

税金

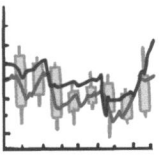

deonica

株

raditi

働く

službenik

従業員

poslodavac

雇用主

fabrika

工場

prodavnica

ショップ

zanimanja
職業

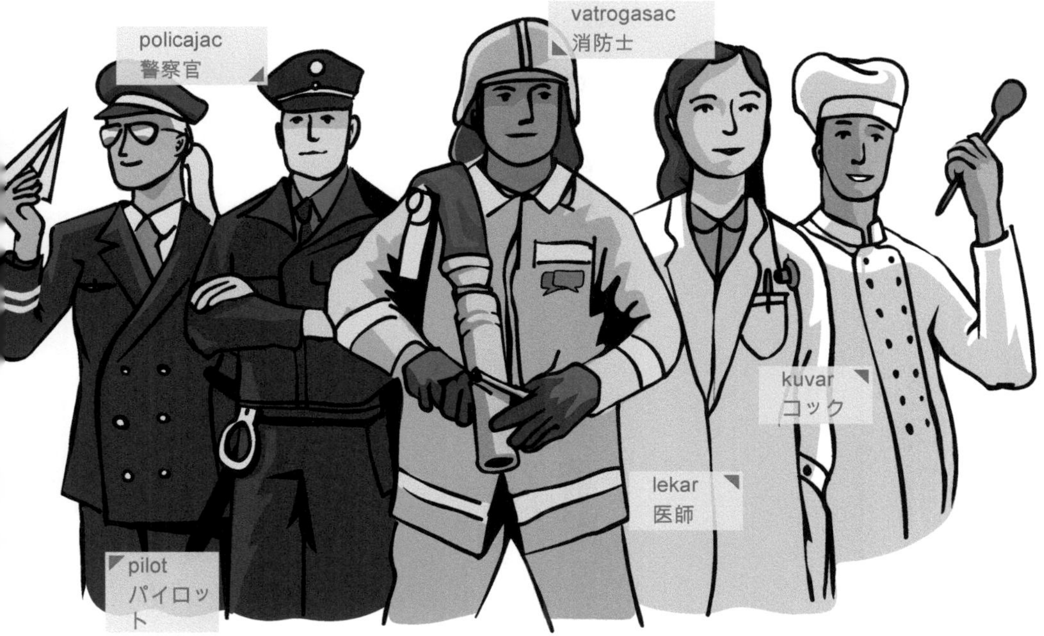
policajac
警察官
vatrogasac
消防士
kuvar
コック
lekar
医師
pilot
パイロット

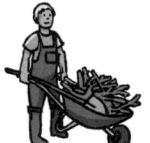

vrtlar

庭師

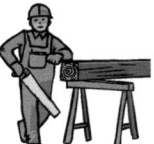

stolar

大工

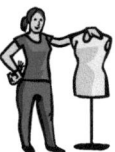

krojačica

お針子

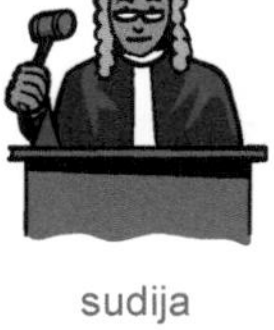

sudija

裁判官

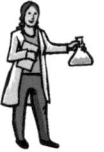

hemičar

化学者

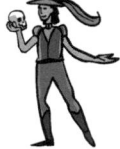

glumac

俳優

vozač autobusa

バスの運転手

vozač taksija

タクシー運転手

ribar

漁師

čistačica

掃除婦

krovopokrivač

屋根ふき職人

konobar

ウェイター

lovac

ハンター

slikar

塗装工

pekar

パン屋

električar

電気工

građevinski radnik

建設作業員

inženjer

エンジニア

mesar

肉屋

limar

配管工

poštar

郵便配達人

vojnik

軍人

arhitekta

建築家

blagajnik

レジ係

cvećar

花屋

frizer

美容師

kondukter

車掌

mehaničar

機械工

kapetan

キャプテン

zubar

歯科医

naučnik

科学者

rabi

ラビ

imam

イスラム導師

monah

修道士

svećenik

牧師

alati
道具

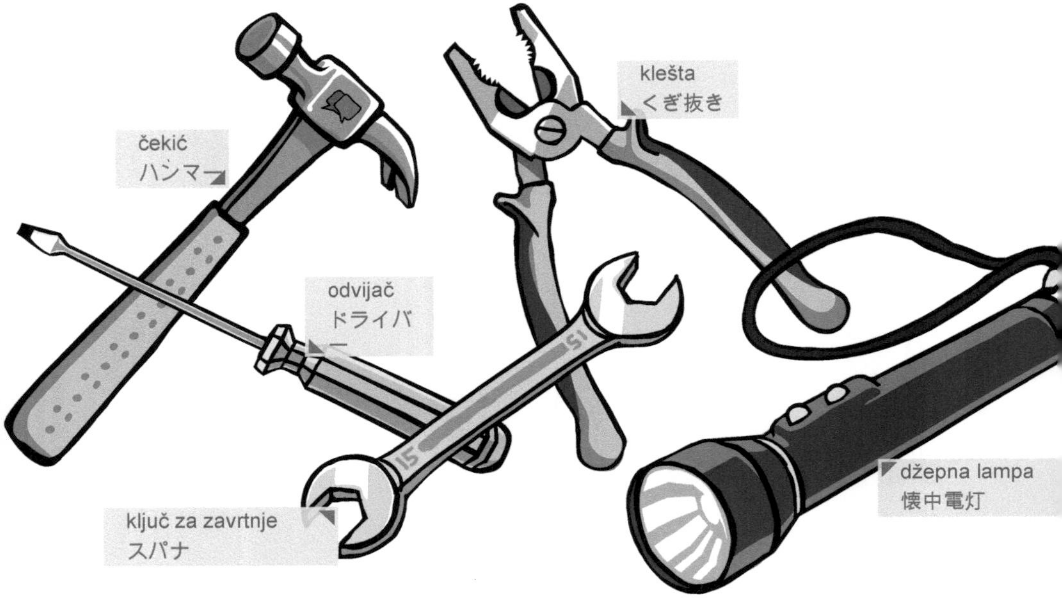

klešta
くぎ抜き
čekić
ハンマー
odvijač
ドライバー
ključ za zavrtnje
スパナ
džepna lampa
懐中電灯

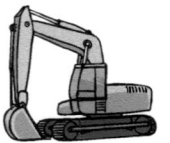

bager

掘削機

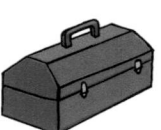

kutija za alat

道具箱

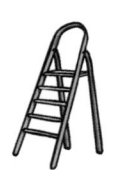

merdevine

はしご

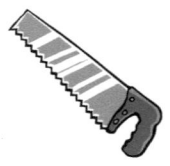

pila

のこぎり

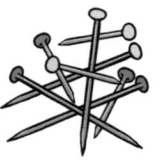

ekser

釘

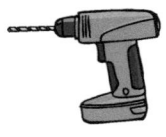

bušilica

ドリル

popraviti

修理する

lopata

シャベル

do đavola!

クソ！

lopatica

ちりとり

lonac za boju

ペンキ缶

zavrtanji

ネジ

muzički instrument
楽器

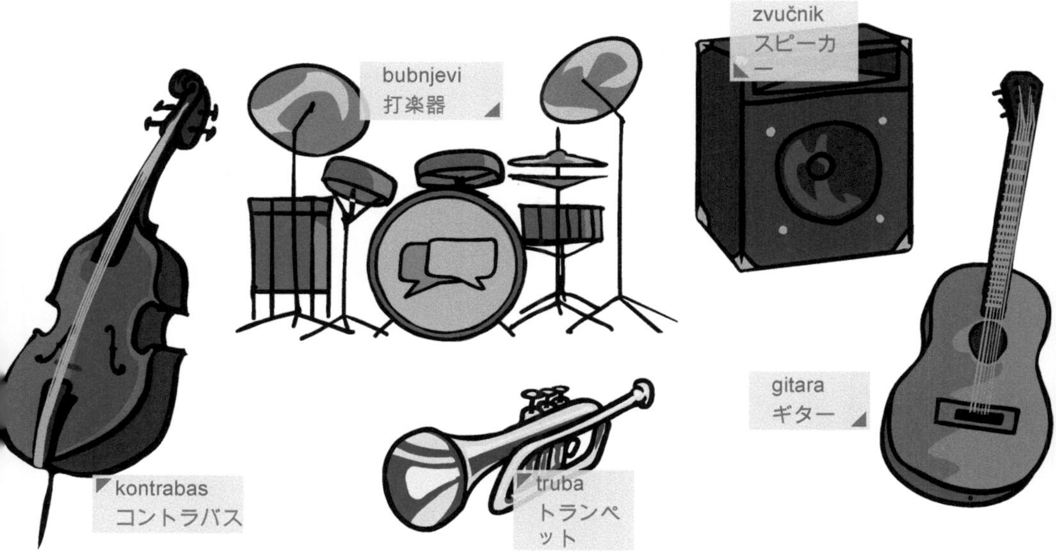

bubnjevi
打楽器

zvučnik
スピーカー

gitara
ギター

kontrabas
コントラバス

truba
トランペット

klavir

ピアノ

violina

バイオリン

bas

バス

timpani

ティンパニ

udaraljke za bubnjeve

ドラム

tipke klavira

キーボード

saksofon

サックス

flauta

フルート

mikrofon

マイクロフォン

zoološki vrt

動物園

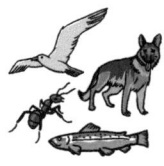

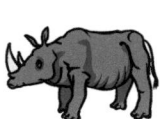

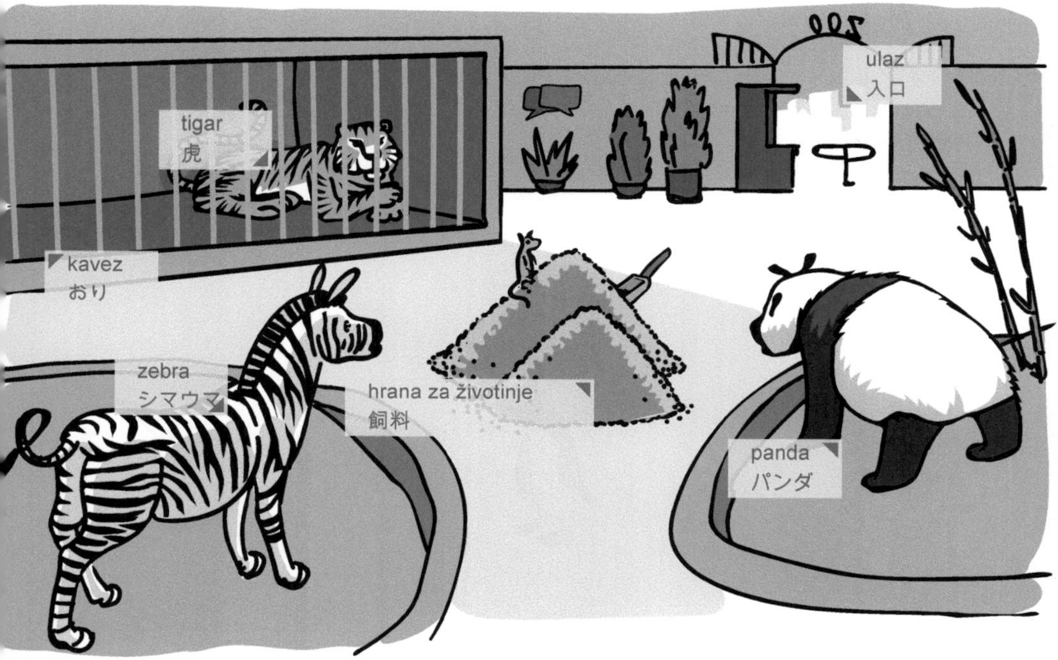
ulaz
入口
tigar
虎
kavez
おり
zebra
シマウマ
hrana za životinje
飼料
panda
パンダ

životinje
動物

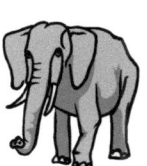

slon
象

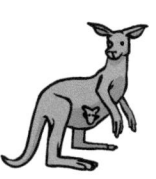

kengur
カンガルー

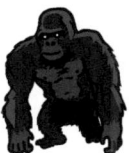

nosorog
サイ

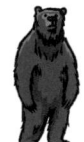

gorila
ゴリラ

medved
熊

kamila

ラクダ

noj

ダチョウ

lav

ライオン

majmun

猿

flamingo

フラミンゴ

papagaj

オウム

polarni medved

白クマ

pingvin

ペンギン

ajkula

サメ

paun

クジャク

zmija

蛇

krokodil

ワニ

čuvar u zoološkom vrtu

飼育係

tuljan

アザラシ

jaguar

ジャガー

poni

ポニー

leopard

ヒョウ

nilski konj

カバ

žirafa

キリン

orao

鷲

divlja svinja

雄豚

riba

魚

kornjača

亀

morž

セイウチ

lisica

狐

gazela

ガゼル

americki nogomet
アメフト

biciklizam
サイクリング

tenis
テニス

košarka
バスケット
ボール

plivanje
水泳

boks
ボクシン
グ

hokej na ledu
アイスホッケー

fudbal
サッカー

badminton
バドミントン

atletika
陸上競技

rukomet
ハンドボール

skijanje
スキー

polo
ポロ

smejati se
笑う

skočiti
跳ぶ

zagrliti
抱きしめる

ići
歩く

pevati
歌う

sanjati
夢見る

moliti se
祈る

poljubiti
キス

pisati
書く

crtati
描く

pokazati
示す

gurati
押す

dati
与える

uzeti
取る

imati

持っている

činiti

する

biti

ある

stojati

立つ

trčati

走る

povlačiti

引く

baciti

投げる

padati

落ちる

ležati

横たわっている

čekati

待つ

nositi

運ぶ

sediti

座る

oblačiti

着る

spavati

眠る

probuditi se

目が覚める

gledati

見る

plakati

泣く

milovati

なでる

češljati

櫛ですく

govoriti

話す

razumeti

理解する

pitati

質問する

slušati

聞く

piti

飲む

jesti

食べる

pospremiti

片づける

voleti

愛する

kuhati

料理する

voziti

運転する

leteti

飛ぶ

ploviti

ヨットに乗る

računati

計算する

čitati

読む

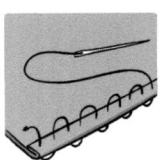

učiti

学ぶ

raditi

働く

venčati se

結婚する

šiti

縫う

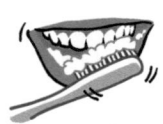

prati zube

歯を磨く

ubiti

殺す

pušiti

喫煙する

poslati

送る

baka
祖母

deda
祖父

otac
父

majka
母

beba
赤ん坊

kćerka
娘

sin
息子

gost
お客様

tetka
おば

ujak, stric
おじ

brat
兄弟

sestra
姉妹

telo

体

čelo
ひたい
oko
目
rame
肩
prst
指
lice
顔
brada
あご
ruka
手
noga
脚
grudi
胸
ruka
腕

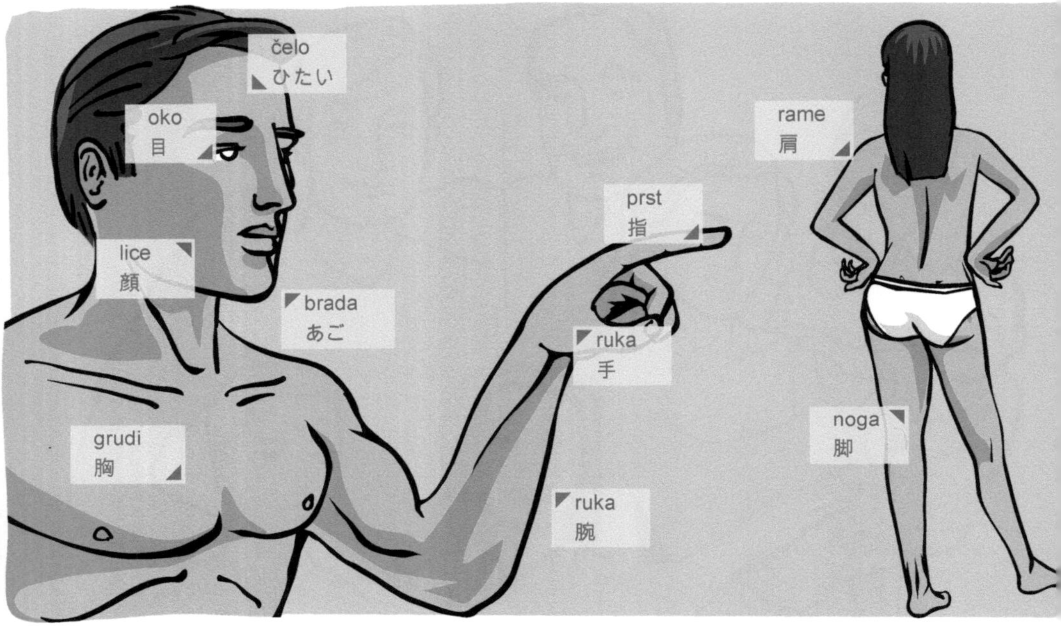

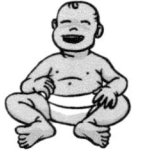

beba

赤ん坊

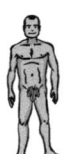

muškarac

男性

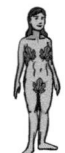

žena

女性

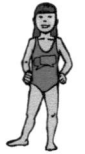

devojčica

少女

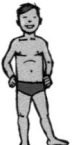

dečak

少年

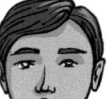

glava

頭

leđa

背中

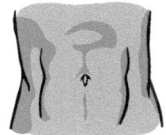

stomak

腹

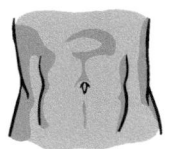

pupak

へそ

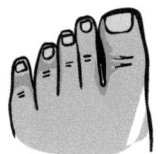

nožni prst

足指

peta

かかと

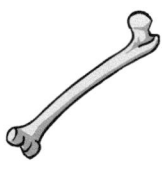

kost

骨

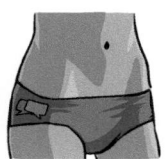

kukovi

腰

koleno

ひざ

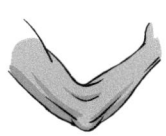

lakat

ひじ

nos

鼻

zadnjica

尻

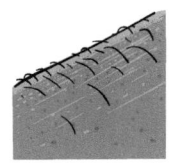

koža

皮膚

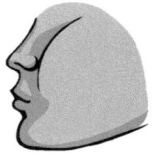

obraz

頬

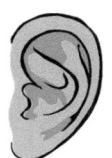

uvo

耳

usna

唇

usta

口

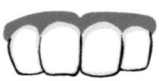

zub

歯

jezik

舌

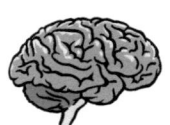

mozak

脳

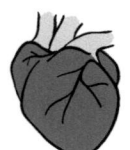

srce

心臓

mišić

筋肉

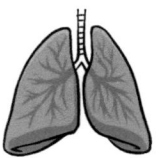

pluća

肺

jetra

肝臓

želudac

胃

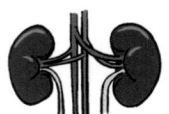

bubrezi

腎臓

polni odnos

セックス

kondom

コンドーム

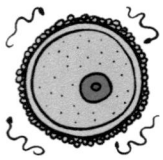

jajna ćelija

卵細胞

sperma

精液

trudnoća

妊娠

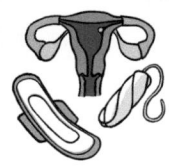

menstruacija

月経

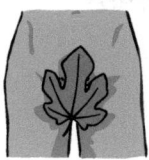

vagina

膣

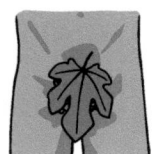

penis

ペニス

obrva

眉

kosa

髪

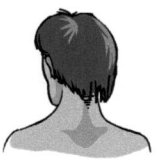

vrat

首

bolnica
病院

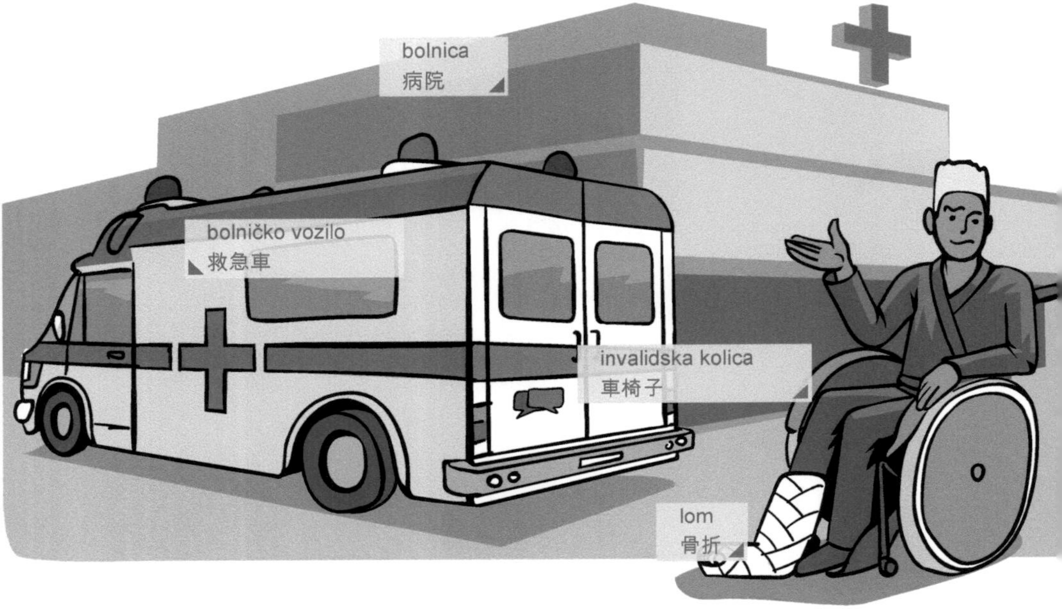

bolnica
病院
bolničko vozilo
救急車
invalidska kolica
車椅子
lom
骨折

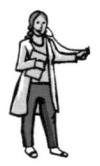

lekar
医師

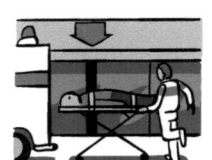

hitna medicinska služba
救急治療室

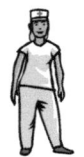

medicinska sestra
看護師

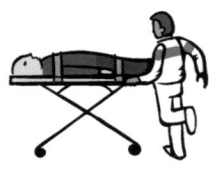

hitni slučaj
救急

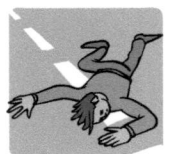

nesvest
失神

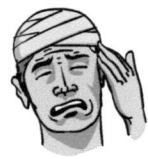

bol
痛み

povreda

けが

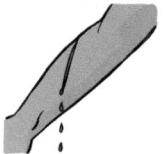

krvarenje

出血

srčani udar

心臓発作

udar

脳卒中

alergija

アレルギー

kašalj

咳

groznica

熱

gripa

インフルエンザ

proliv

下痢

glavobolja

頭痛

rak

癌

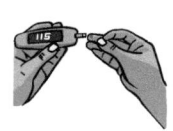

dijabetes

糖尿病

hirurg

外科医

skalpel

外科用メス

operacija

手術

ct
CT

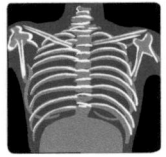

rentgen
レントゲン

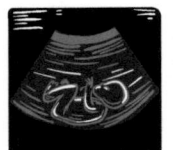

ultrazvuk
超音波

maska
マスク

bolest
病気

čekaona
待合室

štaka
松葉づえ

flaster
ばんそうこう

zavoj
包帯

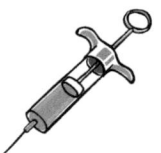

injekcija
注射

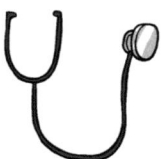

stetoskop
聴診器

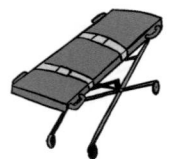

nosila
担架

termometar
体温計

rođenje
出産

prekomerna težina
肥満

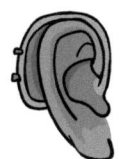

slušni aparat

補聴器

sredstvo za dezinfekciju

消毒剤

infekcija

感染

virus

ウイルス

HIV / AIDS

HIV / エイズ

medicina

内服薬

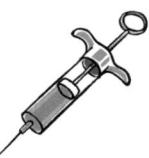

vakcinacija

予防接種

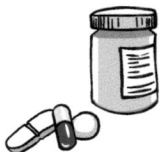

tablete

錠剤

pilula

ピル

hitni poziv

緊急電話

uređaj za merenje pritiska

血圧計

bolesno / zdravo

病気の / 健康な

pomoć!

助けて！

alarm

アラーム

nasrtaj

暴行

napad

攻撃

opasnost

危険

izlaz u slučaju nužde

非常口

požar!

火事だ！

protivpožarni aparat

消火器

nezgoda

事故

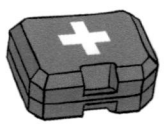

kutija prve pomoći

救急箱

sos

SOS

policija

警察

Evropa

ヨーロッパ

Severna Amerika

北米

Južna Amerika

南米

Afrika

アフリカ

Azija

アジア

Australija

オーストラリア

Atlantik

大西洋

Pacifik

太平洋

Indijski okean

インド洋

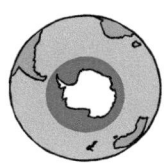

Antarktički okean

南極海

Arktički ocean

北極海

Severni pol

北極

Južni pol

南極

Antarktik

南極大陸

zemlja

地球

zemlja

陸

more

海

otok

島

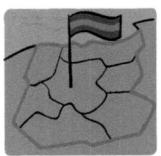

nacija

国家

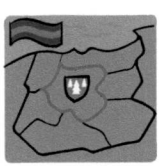

država

国家

brojčanik sata

文字盤

satna kazaljka

短針

minutna kazaljka

長針

sekundna kazaljka

秒針

Koliko je sati?

何時ですか？

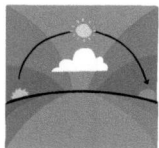

dan

日

vreme

時間

sada

現在

digitalni sat

デジタル時計

minuta

分

čas

時間

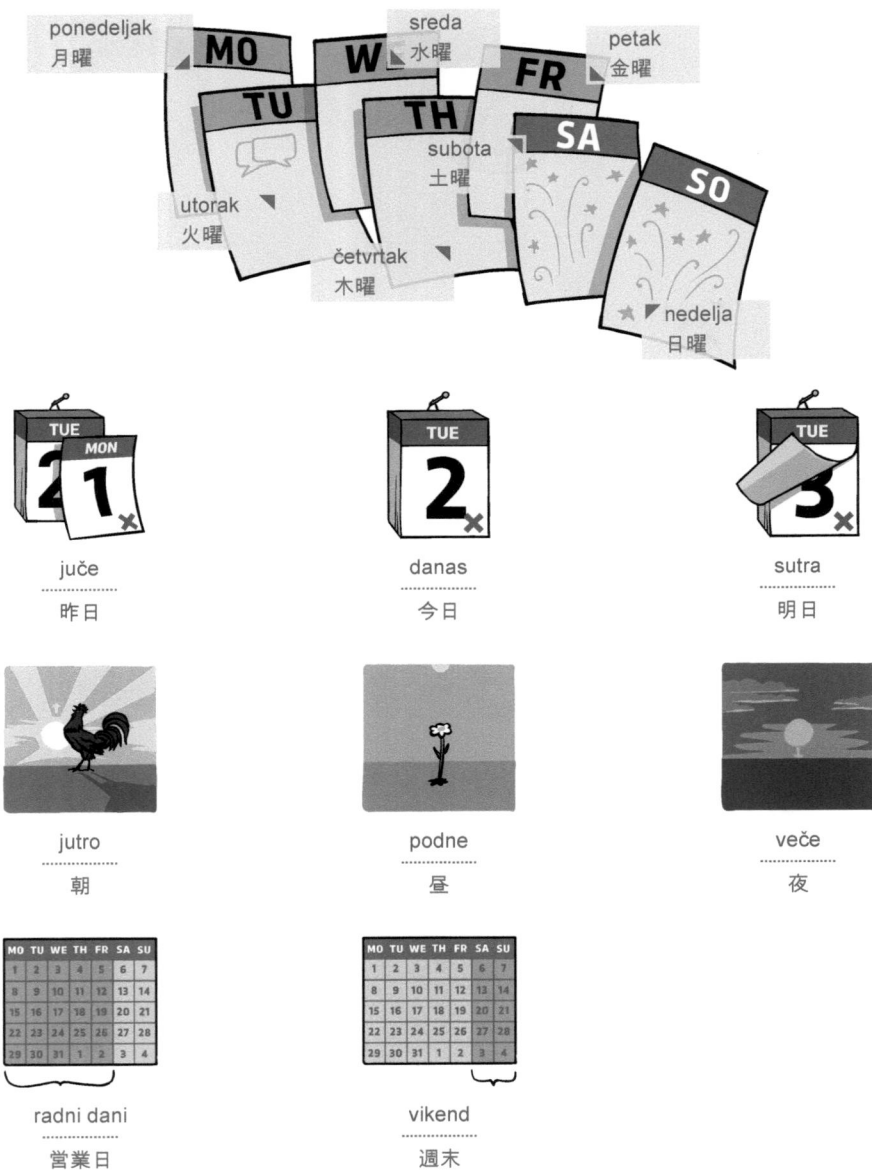

ponedeljak
月曜

sreda
水曜

petak
金曜

utorak
火曜

četvrtak
木曜

subota
土曜

nedelja
日曜

juče
昨日

danas
今日

sutra
明日

jutro
朝

podne
昼

veče
夜

radni dani
営業日

vikend
週末

kiša
雨

duga
虹

proleće
春

leto
夏

vetar
風

jesen
秋

sneg
雪

zima
冬

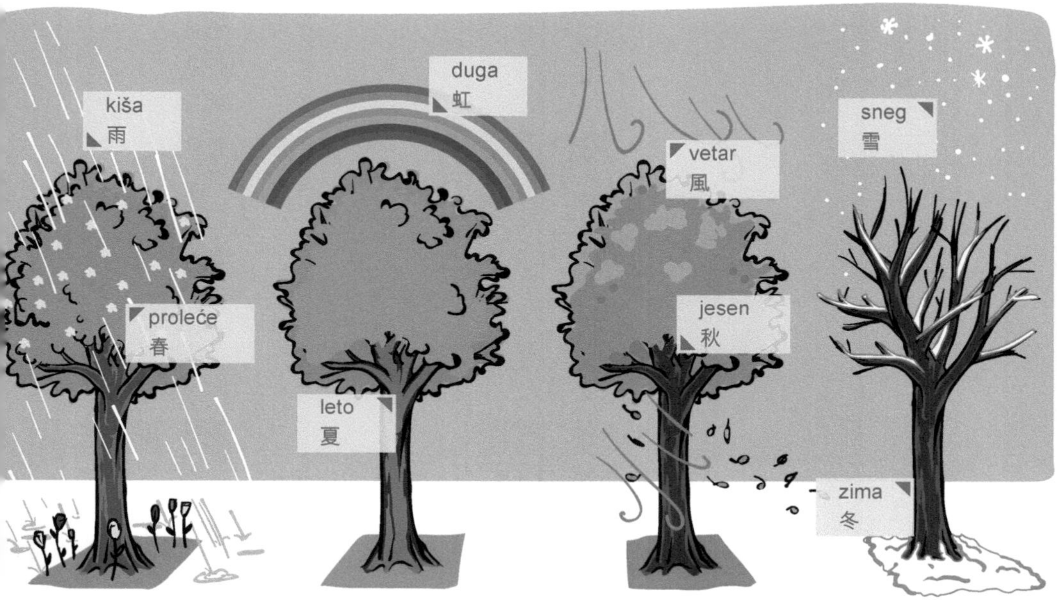

meteorološka prognoza

天気予報

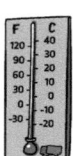

termometar

温度計

sunčana svetlost

日差し

oblak

雲

magla

霧

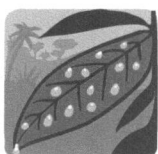

vlažnost vazduha

湿度

munja

雷

grmljavina

雷

oluja

嵐

tuča

ひょう

monsun

季節風

poplava

洪水

led

氷

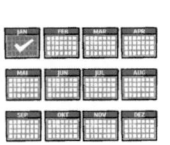

januar

1月

februar

2月

mart

3月

april

4月

maj

5月

juni

6月

juli

7月

avgust

8月

septembar

9月

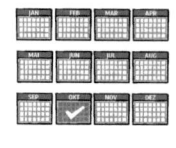

oktobar

10月

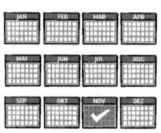

novembar

11月

decembar

12月

oblici

形

krug

円

kvadrat

正方形

pravougao

長方形

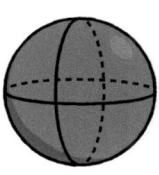

trougao

三角

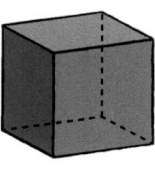

kugla

球

kocka

立方体

bela

白

žuta

黄

narandžasta

オレンジ

ružičasta

ピンク

crvena

赤

ljubičasta

紫

plava

青

zelena

緑

smeđa

茶

siva

灰色

crna

黒

mnogo / malo

多い / 少ない

ljutito / mirno

怒っている /
落ち着いている

lepo / ružno

美しい / 醜い

početak / kraj

初め / 終わり

veliko / maleno

大きい / 小さい

svetlo / tamno

明るい / 暗い

brat / sestra

兄弟 / 姉妹

čisto / prljavo

清潔な / 汚い

potpuno / nepotpuno

完全な / 不完全な

dan / noć

日中 / 夜

mrtvo / živo

死んだ / 生きている

široko / usko

幅広い / 狭い

jestivo / nejestivo

食べられる　/
食べられない

zlo / dobro

悪意のある　/　親切な

uzbuđeno / dosadno

興奮している　/
退屈している

debelo / mršavo

太った　/　痩せた

na početku / na kraju

最初に　/　最後に

prijatelj / neprijatelj

友人　/　敵

puno / prazno

いっぱいの　/　空の

tvrdo / mekano

硬い　/　柔らかい

teško / lagano

重い　/　軽い

glad / žeđ

空腹　/　喉の渇き

bolesno / zdravo

病気の　/　健康な

ilegalno / legalno

違法な　/　合法な

pametno / glupo

賢い　/　愚かな

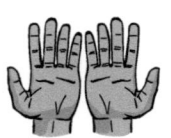

levo / desno

左に　/　右に

blizu / daleko

近い　/　遠い

novo / polovno

新しい / 中古の

ništa / nešto

何もない / 何かある

staro / mlado

老いた / 若い

uključeno / isključeno

オン / オフ

otvoreno / zatvoreno

開いている /
閉まっている

tiho / glasno

静かな / うるさい

bogato / siromašno

裕福な / 貧乏な

tačno / pogrešno

正しい / 間違っている

hrapavo / glatko

粗い / なめらか

tužno / sretno

悲しい / 幸せな

kratko / dugo

短い / 長い

polako / brzo

ゆっくり / 速い

mokro / suho

濡れた / 乾いた

toplo / hladno

温かい / 冷たい

rat / mir

戦争 / 平和

0

nula

ゼロ

1

jedan

1

2

dva

2

3

tri

3

4

četiri

4

5

pet

5

6

šest

6

7

sedam

7

8

osam

8

9

devet

9

10

deset

10

11

jedanaest

11

12

dvanaest

12

13

trinaest

13

14

četrnaest

14

15

petnaest

15

16

šestnaest

16

17

sedamnaest

17

18

osamnaest

18

19

devetnaest

19

20

dvadeset

20

100

stotinu

100

1.000

hiljadu

1000

1.000.000

milion

100万

engleski

英語

američki engleski

アメリカ英語

mandarinski kineski

中国標準語

hindski

ヒンディー語

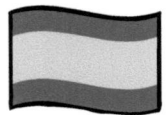

španski

スペイン語

francuski

フランス語

arapski

アラビア語

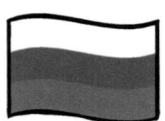

ruski

ロシア語

portugalski

ポルトガル語

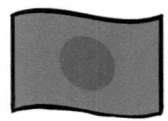

bengalski

ベンガル語

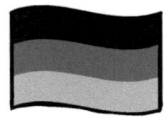

nemački

ドイツ語

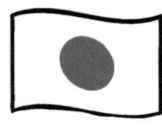

japanski

日本語

ja

私

ti

あなた

on / ona / ono

彼 / 彼女 / それ

mi

私たち

vi

あなたたち

oni

彼ら

Ko?

誰？

Šta?

何？

Kako?

どうやって？

Gde?

どこ？

Kada?

いつ？

ime

名前

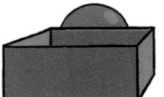

iza

後ろ

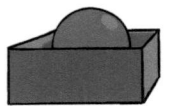

u

中

ispred

前

preko

上

na

上

ispod

下

pored

横

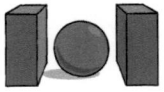

između

間

mesto

場所